Schnupperkurs NÄHEN

FRANZISKA FULVIO

Schnupperkurs NÄHEN

FRANZISKA FULVIO

DU WEISST NICHT, WAS DU KANNST, WENN DU ES NICHT VERSUCHST!

Mal etwas Neues probieren, eine neue Leidenschaft entdecken, die neue Liebe zum Selbermachen erkunden. Offline gehen und etwas mit den eigenen Händen erschaffen, mit Erfolgsgarantie!

Beim Nähen, Aquarellieren oder Upcyclen deines ersten Modells lernst du alles Notwendige. Jede Menge Schrittbilder und ein Videotutorial vom ersten Schritt bis zum fertigen Modell sorgen für ein leichtes und ganz sicher auch richtiges Nacharbeiten – die Erfolgsformel der Schnupperkurs-Reihe!

Entdecke anhand toller Bilder die Welt und die Lust am Kreativen. Was du an deinem ersten Modell gelernt hast, kannst du direkt bei weiteren Modellen und Varianten anwenden.

Na, Lust bekommen? Hier bist du genau richtig!

INHALT

Du kannst alles Schritt für Schritt als Video-Tutorial ansehen. Registriere dich am besten gleich in der digitalen Bibliothek und schalte dir dein Video frei. Den Code dafür findest du auf Seite 80.

DIE NEUE NÄHLUST

Polyester

AIDA

DAS MATERIAL

Es gibt superviel Auswahl, wenn es ums Stoffkaufen geht. Die Bereiche und Einsatzmöglichkeiten für Stoffe sind so zahlreich und so unterschiedlich, dass die Vielfalt geradezu grenzenlos ist. Ich möchte Licht ins Dunkel bringen und dir dabei helfen, den für dein Projekt passenden Stoff auszuwählen.

STOFF

1. schwarzer Nickistoff (Polyester)
2. weiß-blau gestreifter Baumwollstoff mit Stickerei
3. karierter Baumwollflanell
4. blau-weiß gestreifter Jeansstoff (Denim)
5. Vichykaro (Baumwollstoff)
6. bunt karierter Jeansstoff (Denim)
7. Baumwollstoff in Tarnoptik

BAUMWOLLSTOFF

wird aus einer natürlichen Faser hergestellt und du kannst ihn in unterschiedlichen Dicken kaufen. Der klassische Baumwollstoff wird meist für Kissenhüllen (2), Buchhüllen (5) oder Beutel (3,4) verwendet. *Jeansstoff* – auch Denim genannt – ist ein etwas dickerer meist oberflächlich eingefärbter Baumwollstoff, aus dem du unter anderem Taschen (4), Handyhüllen oder Kissen (1) machen kannst. Unsere Stofftasche etwa, an der du gleich beispielhaft Schritt für Schritt Nähen lernst, ist aus Jeansstoff genäht. Anfangs wurde dieser Stoff für Arbeitsbekleidung verwendet, deshalb hat er so robuste Eigenschaften.

Im Handel bekommst du verschiedene Dicken. Sehr dünne Stoffe kannst du z. B. für Blusen oder Kleider verwenden. Etwas dickerer Denim eignet sich z. B. für Taschen, Hosen, Jacken oder auch Accessoires. Wenn du Denim für Kleidung wie z. B. Hosen oder Jacken auswählst, solltest du ‚Jeansstoff mit Elasthan-Beimischung nehmen. Je nachdem wie hoch der Elasthananteil ist, umso elastischer ist der Stoff und umso angenehmer sein Tragegefühl. Verwendest du ihn aber für Accessoires, kannst du auf diesen Elasthananteil verzichten. Er behindert dich in der Regel nur bei der Verarbeitung.

POLYESTERSTOFF

wird chemisch hergestellt, dadurch sind der Form, Art und Gewicht des Stoffes keine Grenzen gesetzt. Hieraus kannst du unter anderem Kissenhüllen (1) oder Gardinen nähen.

FILZ

besteht aus ungeordneten schwer zu trennenden Fasern. Er wird nicht gewebt und deshalb auch nicht als Stoff bezeichnet. Filz bekommst du in verschiedenen Stärken und Größen, oftmals in Form von sogenannten Filzplatten, aber auch als Meterware.

WICHTIGE BEGRIFFE

RECHTE STOFFSEITE

Die rechte Stoffseite ist die Seite des Stoffes, die du später außen sehen kannst. In den meisten Fällen kannst du sie leicht erkennen, da sie die schönere von beiden Seiten ist. Die rechte Stoffseite liegt außerdem meist außen auf dem Stoffballen.

LINKE STOFFSEITE

Die innenliegende linke Stoffseite ist die nicht so schöne Seite des Stoffes oder hat manchmal auch eine etwas blasserer Farbe. Bei bedruckten Stoffe ist die linke Seite meist unbedruckt und unifarben.

WEBKANTE

Die Webkante ist die Begrenzung des Stoffes auf beiden Seiten. Sie ist fast immer etwas steifer und hat eine andere Struktur als das restliche Gewebe; beim Zuschneiden achte deshalb darauf, sie auszusparen und nicht einmal für Nahtzugaben zu nutzen.

FADENLAUF

Den Fadenlauf eines Stoffes erkennst du am schnellsten an seiner Webkante. In aller Regel verläuft er parallel zur Webkante. Bei manchen Stoffen kann der Fadenlauf in beide Richtungen verlaufen, wie z. B. bei Unistoffen, Jerseys, Jeansstoff oder auch Baumwollstoff. Es gibt aber auch Stoffe, bei denen der Fadenlauf nur in eine Richtung zeigt, wie z. B. bei Strichware (Samt, Cord) oder bei gemusterten Stoffen (Blumenmuster, Figuren).

WAS DU SONST NOCH BRAUCHST …

Neben Stoff brauchst du natürlich auch noch etwas weiteres Zubehör zum Nähen. Dazu gehören natürlich Nähgarn, aber auch Stecknadeln, eine Stoffschere, ein Maßband, Markierkreide und ein Handmaß.

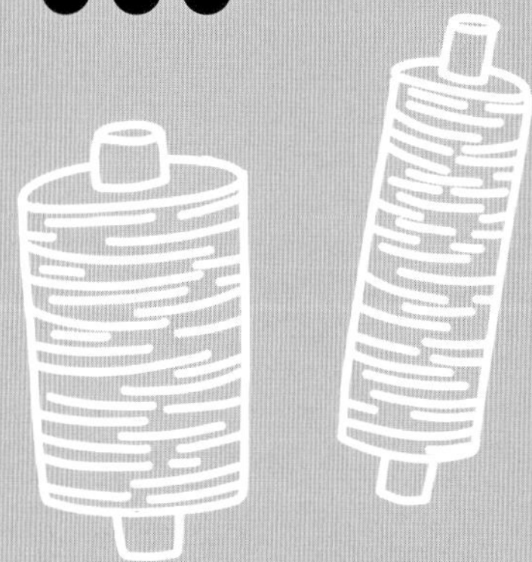

Mit *Stecknadeln* werden Stofflagen aufeinandergesteckt oder Markierungen gesetzt.

Als *Nähgarn* wird der Faden bezeichnet, den du in die Nähmaschine einfädelst. Auch Nähgarn bekommst du in verschiedenen Fadenstärken im Handel. In der Regel wird für den Haushaltsgebrauch das handelsübliche Universalnähgarn eingesetzt.

Eine *Stoffschere* solltest du ausschließlich zum Schneiden von Stoff verwenden. Wenn sie für Papier oder andere Dinge verwendet wird, kann sie schnell stumpf werden.

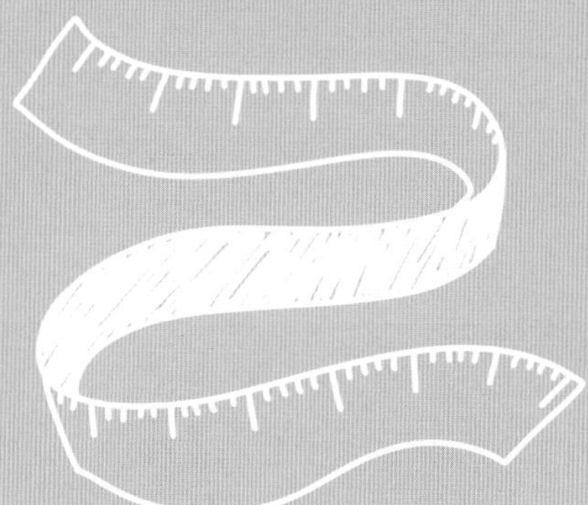

Bei der Verwendung von *Markierkreide* oder *Markierstiften* solltest du darauf achten, von welcher Seite du markierst. Manche Stiftmarkierungen lösen sich von selbst wieder auf, andere wiederum sind dauerhaft auf dem Stoff sichtbar.

Das *Maßband* wir zum Abmessen zum Beispiel von Körpermaßen oder längeren Strecken verwendet. Das Handmaß hingegen eignet sich zum Messen von kurzen Strecken und zum Markieren von Nahtzugaben.

VOR DEM NÄHEN

VORWASCHEN

Damit du deine fertige Näharbeit später unbesorgt waschen kannst, solltest du den Stoff vor der Verarbeitung unbedingt waschen, trocknen und bügeln. Dadurch vermeidest du, dass das Kleidungsstück oder das Accessoire später viel kleiner wird als gewünscht.

VORBÜGELN

Am besten bügelst du den Stoff vorab einmal komplett mit einem Dampfbügeleisen. Das verhindert das Einlaufen des Stoffes, nachdem du ihn verarbeitet hast. Einlaufen bedeutet, dass der Stoff durch die Hitze und den Dampf etwas kleiner wird als vorher. Wenn du den Stoff nicht vorbügelst, besteht die Gefahr, dass er bei Zwischenbügelprozessen oder am Ende beim Fertigbügeln kleiner wird.

AUFGEPASST!

Um von vorneherein unnötige Fehler zu vermeiden, beachtest du am besten von Anfang an folgende Dinge:

- Greife stets zur richtigen Stoffart. Sie sollte immer zum Modell passen. Lies dafür die Anleitung vorab genau durch und verwende die angegebene Stoffart oder ein Material mit sehr ähnlichen Eigenschaften. Ist in der Materialliste beispielsweise ein Jerseystoff genannt, nimm stattdessen auf keinen Fall einen klassischen Baumwollstoff. Denn dieser ist im Gegensatz zum Jersey nicht elastisch. Die Schnittmuster sind stets auf die jeweils genannte Stoffart ausgerichtet.
- Schneide das Schnittmuster immer im Fadenlauf zu. Wenn du es schräg zum Fadenlauf zuschneidest, kann es sein, dass ein Muster im Modell schief läuft.
- Beachte unbedingt die Markierungen im Schnitt. Sonst bekommst du später leicht Probleme beim Zusammennähen der Schnittteile.
- Beachte außerdem stets die Musterrichtung des Stoffes. Hast du beispielsweise einen Stoff mit Blumenmuster, Tieren oder Figuren ausgewählt, dann schneide diese immer in eine Richtung zu. Andernfalls stehen sie auf dem Kopf. Daher werden solche Muster auch Kopfmuster genannt.
- Achte unbedingt darauf, ob die Nahtzugaben in den Schnitten enthalten sind oder ob du sie hinzugeben musst. Wenn du bei Accessoires oder Deko-Artikeln die Nahtzugabe vergessen solltest, ist das meist nicht so schlimm. Dann wird das fertige Teil nur etwas kleiner.

STOFFTASCHE STEP BY STEP

Dann kann es losgehen. Am Beispiel dieser praktischen Stofftasche zeige ich dir nach und nach die wichtigsten Schritte beim Nähen. Es kommt nicht nur aufs Zuschneiden und Nähen an, sondern auch das Bügeln ist sehr wichtig beim Nähen.

MATERIAL:

- *Denim in Blau, 140 cm x 70 cm*

ZUSCHNEIDEN

- *2 Rechtecke für die Tasche, 46 cm x 39 cm*
- *2 Rechtecke für die Träger, 64 cm x 7 cm*

Die Nahtzugabe ist in den Angaben bereits enthalten: Nahtzugabe an der oberen Kante 3 cm, Nahtzugabe an den restlichen Kanten 1 cm.

Den Stofftasche kannst du dir auch Schritt für Schritt als Video-Tutorial ansehen. Registriere dich am besten gleich in der digitalen Bibliothek unter www.topp-kreativ.de/ digibib und schalte dir dein Video frei. Den Code dafür findest du auf Seite 80.

LOS GEHT`S

1 Breite den Oberstoff auf dem Tisch aus. Lege die rechte Stoffseite nach innen, d.h. die Seite, die später außen liegt. Lege den Stoff so in den Bruch, also an die Faltlinie des Stoffes, dass die beiden Rechtecke nebeneinander auf den Stoff passen. Dadurch sparst du Stoff und kannst vielleicht noch ein weiteres Täschchen nähen.

2 Zeichne die beiden Rechtecke parallel zur Webkante auf den Stoff und arbeite im rechten Winkel. Zum Anzeichnen kannst du handelsübliche Markierstifte oder Markierkreide verwenden.

3 Nun steckst du beide Stofflagen innerhalb der angezeichneten Linien zusammen, damit die Stofflagen später beim Zuschneiden nicht verrutschen.

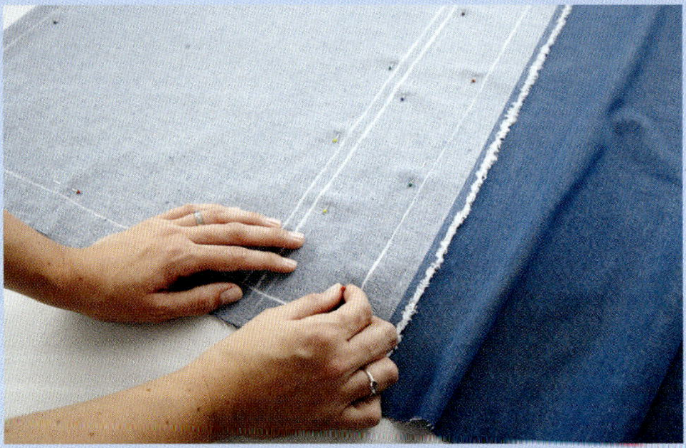

Zuschnitt

4

Schneide die beiden Rechtecke zu: Dafür schneidest du dicht über dem Tisch genau entlang der eingezeichneten Linie und hältst die Schere gerade.

5

So sollten die Schnittteile nach dem Zuschnitt aussehen. Die Nadeln sind entfernt und die Schnittteile liegen doppelt zugeschnitten auf dem Arbeitsplatz.

Einfädeln

Die meisten Nähmaschinen fädelt man auf sehr ähnliche Art und Weise ein. Am besten schaust du dir die Anleitung der Nähmaschine an, darin ist dies in der Regel ausführlich beschrieben.

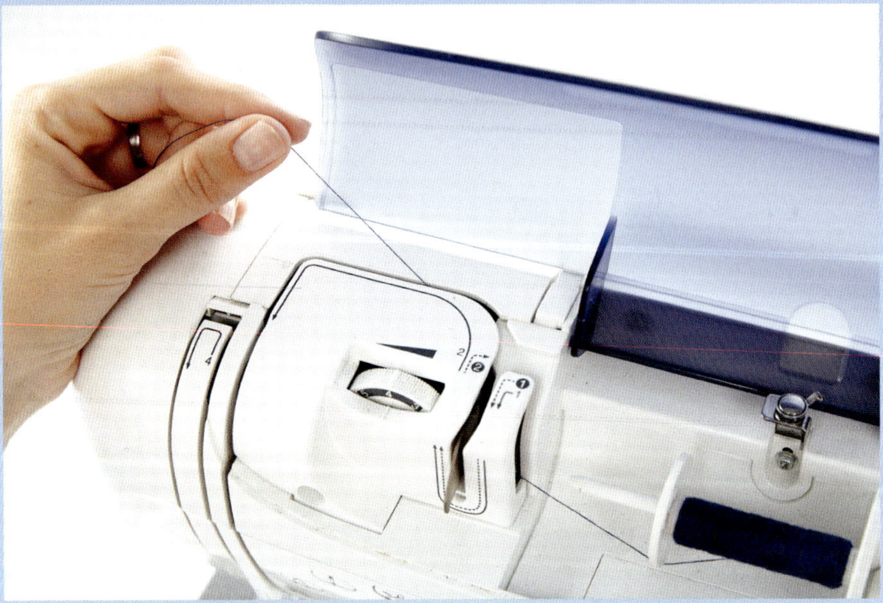

Stich wählen

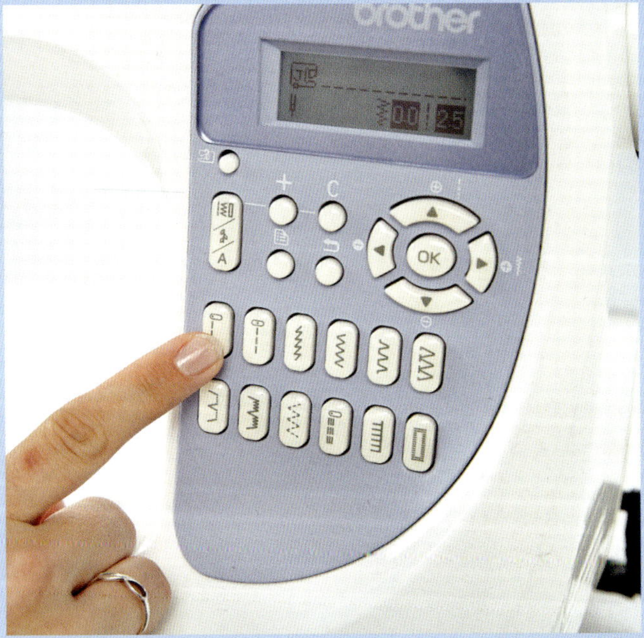

Vor dem Beginn des Nähens musst du zunächst den passenden Stich an deiner Nähmaschine auswählen:

Fürs Zusammennähen von Stoffteilen generell oder beim Absteppen nimmst du am besten den *Geradstich*.
Für das Versäubern des Stoffes wählst du entweder einen *Zickzackstich* oder einen entsprechenden Versäuberungsstich an deiner Nähmaschine aus.

Zusätzlich kannst du die Länge des Stiches einstellen. Willst du etwa einen Stoff heften, wählst du am besten einen groß eingestellten Geradstich, den du später ganz leicht auftrennen kannst. Und auch die Breite von Stichen lässt sich verändern, so z. B. beim Zickzackstich. Brauchst du einen sehr schmalen oder einen sehr breiten Zickzackstich, kannst du die entsprechende Breite an deiner Nähmaschine einstellen.

Die richtige Fadenspannung

Geradstich Vorderseite

Geradstich Rückseite

Zickzackstich Vorderseite

Zickzackstich Rückseite

Die Fadenspannung wird an den meisten Nähmaschinen am Stellrad oben an der Maschine eingestellt. Die Spannung solltest du immer vor Nähbeginn auf den jeweiligen Stoff und das jeweilige Nähgarn einstellen.

Die richtige Fadenspannung hast du, wenn sich die Verschlingung von Ober- und Unterfaden in der Mitte des Nähguts treffen (je mittlere Naht im Foto).

Die Oberfadenspannung ist zu stark eingestellt, wenn der Unterfaden auf der Oberseite des Stoffes sichtbar ist. In diesem Fall reduzierst du am besten die Oberfadenspannung am Stellrad (je linke Naht im Foto).

Die Oberfadenspannung hast du zu locker eingestellt, wenn der Oberfaden auf der Unterseite des Stoffes sichtbar ist. In diesem Fall solltest du die Oberfadenspannung erhöhen (je rechte Naht im Foto).

WAS TUST DU, WENN ...

... der Stoff nicht transportiert wird?

Dann stellst du sicher, dass der Transporteur richtig versenkt ist.

... die Nadel abbricht?

Dann überprüfst du, ob du die Nadel richtig eingesetzt hast, und beachtest die Nadelstärke in Verbindung mit dem Stoff. Je dicker der Stoff, umso dicker die Nadel, je dünner der Stoff, umso feiner die Nadel.

... die Nähmaschine nicht näht?

Dann überprüfst du, ob alle Stecker und die Steckdose richtig eingesteckt sind. Schalte die Maschine sicherheitshalber einmal aus und wieder an.

... die Nähmaschine Stiche auslässt?

Dann stelle sicher, dass die Nadel richtig eingesetzt und weder verbogen noch stumpf ist. Die Nähmaschine muss richtig eingefädelt sein und Nadel und Faden sollten zusammenpassen. Überprüfe zusätzlich den Nähfuß.

... der Oberfaden reißt?

Dann stelle sicher, dass die Nadel richtig eingesetzt und weder verbogen noch stumpf ist. Die Nähmaschine muss richtig eingefädelt sein und Nadel und Faden sollten zusammenpassen.
Verwende stets hochwertiges Garn, denn sprödes, knotiges oder minderwertiges Garn reißt schnell. Überprüfe zudem die Garnrollenführung und die Führungsscheibe. Wenn die Stichplatte beschädigt ist, solltest du sie austauschen.

... der Unterfaden reißt?

Dann überprüfe, ob die Spule richtig eingesetzt wurde, der Spulenbereich sauber ist und der Unterfaden korrekt auf die Spule aufgespult wurde.

6

Fädele ein farblich passendes Nähgarn in die Nähmaschine ein und setze die farblich passende Spule ein.

Auf einem Probestückchen aus Originalstoff probierst du den Zickzackstich aus. Die Breite und Länge des Stichs kannst du hier noch variieren. Je nach Stoff stellst du den Zickzackstich zum Versäubern zum Beispiel etwas länger und breiter ein, als er standardmäßig eingestellt ist.

HINWEIS *Im Buch haben wir bewusst ein weißes Garn verwendet, damit die Schritte besser zu sehen sind. Du solltest natürlich immer ein Garn verwenden, dass farblich zum Stoff passt.*

7

Beginne mit einem der beiden großen rechteckigen Stoffstücke. Hier sollen die beiden langen und eine der kurzen Kanten versäubert werden.
Dafür starte in einer Ecke mit einer langen Kante. Beim Anlegen solltest du den Abstand der Nadel zur Kante beachten. Er sollte der Breite des Zickzackstichs entsprechen. Lege die Ecke an und senke das Füßchen. Nähe nun langsam 3 bis 4 Stiche.

Versäubern mit Zickzackstich

8

Verriegele immer den Anfang einer Naht, damit er sich nicht wieder auftrennt. Dafür nähst du 3 bis 4 Stiche vor und zurück.

9

Nun nähst du die lange Kante entlang. Kurz vor der Ecke wirst du etwas langsamer und nähst bis 4 mm vor die Ecke.

10 Lass die Nadel im Nähgut stecken. Hebe das Füßchen an.

11

Drehe den Stoff um 90°, sodass die nächste Kante (hier die kurze Kante) zum Nähen vor dir liegt. Senke das Füßchen wieder.

12

Nähe bis zur nächsten Ecke und wiederhole den Arbeitsschritt wie gerade beschrieben: Nähe wiederum an der langen Kante bis zum Ende der Naht. Am Ende nähst du wieder vor- und zurück, um die Naht zu verriegeln.

Versäubere das zweite Taschenteil auf die gleiche Weise.

NOCH MEHR ZUM VERSÄUBERN

Neben dem Zickzackstich oben links an der Haushaltsnähmaschine hast du noch weitere Möglichkeiten, einen Stoff zu versäubern.

1. Bei vielen Stoffen reicht es aus, die Kante mit einer Zickzackschere zu beschneiden. Durch die Zacken franst der Stoff nicht weiter aus. Deine Zickzackschere sollte allerdings eine spezielle Schere zum Stoffschneiden sein, die handelsüblichen Bastelscheren funktionieren dafür leider nicht.

2. Die meisten Haushaltsnähmaschinen verfügen über einen sogenannten Versäuberungsstich. Er wird meist mit einem speziellen Nähfuß genäht und ähnelt dem klassischen Overlockstich sehr.

3. Wenn du viel nähst, lohnt sich die Investition in eine Overlockmaschine. Sie versäubert die Nähte und schneidet gleichzeitig die Kante sauber ab. Die meisten dieser Maschinen haben auch verschiedene Sticheinstellungen, sodass du Rollsäume an Kleidern oder einen Trikotstich an T-Shirts nähen kannst.

Jetzt wird zusammengenäht

13

Um das Zusammennähen der beiden rechteckigen Taschenteile vorzubereiten, steckst du nun Nadeln quer zur Kante – am besten in einem Abstand von 5 bis 7 cm. Lege dafür die beiden Taschenteile rechts auf rechts aufeinander, d. h. die schöne Seite liegt innen und die linke Seite liegt jeweils außen. Achte darauf, dass die versäuberten Kanten übereinanderliegen. Denn da der Transporteur beim Nähen an der Unterseite des Nähguts liegt und sich das Füßchen oben befindet, würden sich die Stofflagen ohne das Stecken leicht verschieben. Wenn du später mehr Näherfahrung hast, kannst du auch weniger Nadeln nehmen. Stecke die Nadeln an beiden langen Kanten und an der kurzen unteren Kante. Das sind genau die Kanten, die du vorab versäubert hast.

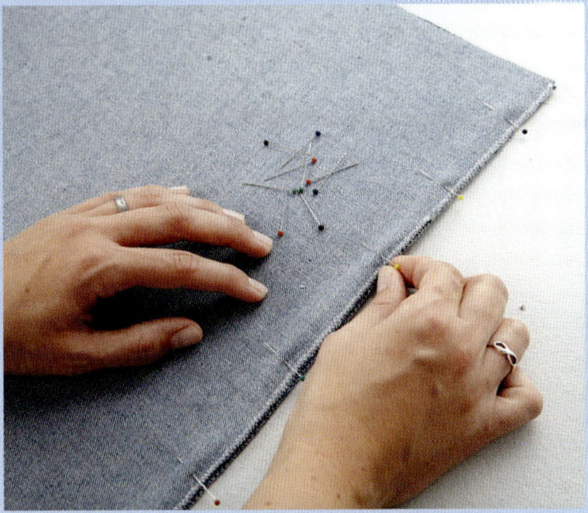

14

Teste den Geradstich zunächst auf einem Probestückchen des Originalstoffs. Dafür sollte das Probestückchen doppelt liegen, da später der Stoff auch doppelt liegt. Die Länge des Stichs kannst du jetzt noch variieren. Meist wird für das Zusammennähen zweier Stoffstücke die Standardeinstellung genommen, also 4 Stiche auf 1 cm.

15

Jetzt geht's ans Nähen: Beginne in einer Ecke mit einer langen Kante und halte einen Abstand der Nähnadel zur Kante von 1 cm ein. Dieser Abstand heißt im Fachjargon Nahtzugabe. Du kannst den Abstand vorab mit Kreide anzeichnen. Viele Nähmaschinen haben aber auch eine Markierung an der Maschine, die genau 1 cm anzeigt.
Starte langsam mit dem Nähen und nähe 3 bis 4 Stiche.

16

Verriegele auch hier den Anfang der Naht, damit sie sich später nicht auftrennt. Dafür nähst du 3 bis 4 Stiche vor- und zurück.

17

Kurz bevor du an die nächste Stecknadel kommst, zieh sie heraus. Dafür stoppst du mit dem Nähen, entfernst die Nadel, nähst bis zur nächsten Nadel weiter und so fort.

18 Zeichne ca. 10 cm vor der Ecke jeweils 1 cm von der Kante an. So gelingt es dir besser, mit der Nadel genau in den Eckpunkt zu stechen. Arbeite langsam weiter und nähe eventuell ein paar Stiche vor der Ecke mit dem Handrad genau in die Ecke. Lass die Nähnadel im Stoff stecken.

19 Sobald die Nadel genau in der Ecke im Stoff steckt, hebst du das Füßchen an.

20 Drehe den Stoff nun um 90°, damit die nächste (also die kurze) Kante zum Nähen vor dir liegt. Senke das Füßchen wieder.

21

Nähe bis zur nächsten Ecke und wiederhole den Arbeitsschritt wie gerade beschrieben.

22

Nähe an der langen Kante bis zum Ende und verriegele das Ende auch hier wieder, indem du 3 bis 4 Stiche vor- und zurücknähst.

23

Beide Stofflagen sind nur miteinander verbunden und Anfang und Ende jeweils verriegelt.

24

Damit du beim Wenden der Tasche auch gleich noch schöne Ecken bekommst, stecke deinen Daumen in eine Ecke der Tasche; deine restlichen Finger liegen außerhalb der Tasche und greifen den Stoff.

25

Lege die Nahtzugabe mit dem Zeigefinger um den Daumen herum, sodass sie sich genau um die Ecke herumlegt.

Tasche wenden

26

Stülpe die Ecke über Daumen und Zeigefinger und wende sie somit auf rechts. Du kannst die Ecke nun leicht nach außen drücken. Mach das mit der zweiten Ecke genauso und drehe die Tasche komplett auf rechts.

27

Die Tasche ist nun auf rechts gewendet und die Ecken sind schön ausgeformt.

Obere Kante bügeln

28

Lege die Tasche mit einer seitlichen langen Kante auf den Bügeltisch und bügele die Nahtzugabe der seitlichen Kante im oberen Bereich etwa 10 cm lang auseinander. Wiederhole das Ganze mit der anderen Seite.

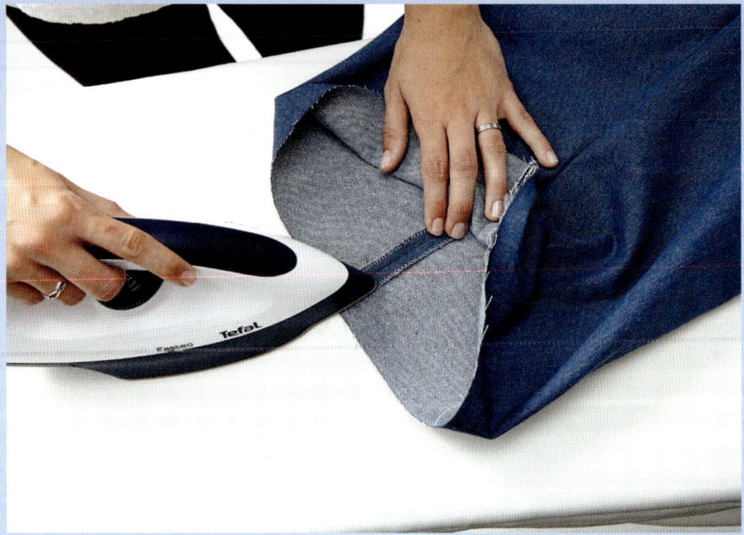

29

Drehe die Tasche auf dem Bügeltisch so, dass die obere Kante vor dir liegt. Miss an der oberen Kante mit einem Handmaß 1 cm ab und schlage die obere Kante 1 cm nach innen um.

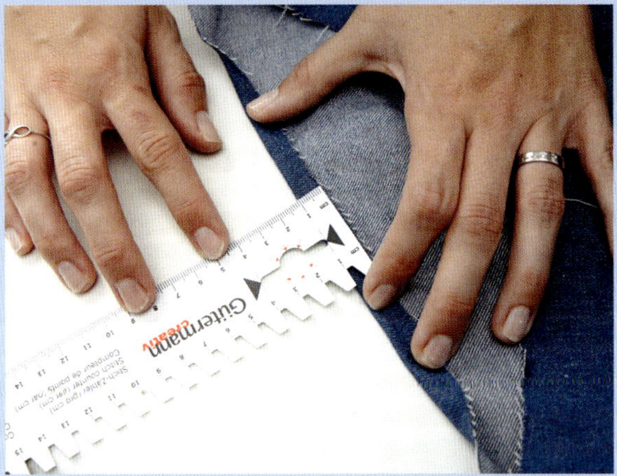

30

Bügele jetzt die umgelegte Kante rundherum 1 cm um und achte dabei an den seitlichen Kanten darauf, dass die Nahtzugaben auseinanderliegen. Das erleichtert dir später das Nähen der oberen Kante.

31

Miss an der oberen Kante noch einmal mit dem Handmaß 2 cm ab und schlage sie wieder nach innen um.

32

Bügele auch diese umgelegte Kante rundherum 2 cm um und achte dabei wieder auf die Nahtzugaben der seitlichen Kanten und die bereits umgebügelte Kante.

33

Sobald du mit dem Bügeln der Kante fertig bist, kontrolliere nochmals, ob der Abstand gleichmäßig 2 cm breit ist.

Obere Kante nähen

34

Wenn du wie hier keine klassische Nahtzugabe von 1 cm nähst, solltest du das vorab an der Nähmaschine markieren. Dafür legst du ein Handmaß unter den Nähfuß und an die Nadel.

35

Dann klebst du bei der gewünschten Nahtzugabe ein Maskingtape oder ein farbiges Klebeband auf – in unserem Fall bei 1,5 cm.

36

Jetzt geht's ans Nähen der oberen Kante. Lege den Beutel mit der rechten Stoffseite nach unten unter die Nähmaschine. Du nähst von links. Lege die Bruchkante an die Markierung an. Beginne mit dem Nähen an der Seitennaht, der Nahtanfang liegt im Nähgut. Verriegele wieder Anfang und Ende, d. h. nähe 3 bis 4 Stiche vor- und zurück.

37

Nähe an der Seitennaht vorsichtig und etwas langsamer über die Nahtstelle und achte dabei darauf, dass die Nahtzugabe der seitlichen Kanten auseinandergelegt sind.

38

Nähe die obere Kante rundherum, bis der Nahtanfang wieder zu sehen ist. Verriegele an dieser Stelle nochmals, nähe also wieder ein paar Stiche vor- und zurück.

39

Nun ist die obere Kante rundum bei 1,5 cm fertig genäht.

Träger nähen

40 Stecke zunächst einen Träger an der langen Kante rechts auf rechts im Abstand von 5 bis 7 cm mit Nadeln zusammen, damit sich die Stofflagen beim Nähen nicht verschieben. Die rechte schöne Stoffseite liegt innen. Je mehr Näherfahrung du hast, umso weniger Nadeln brauchst du. Stecke nun auch den zweiten Träger in der gleichen Weise aufeinander.

41

Lege den Nahtanfang an der oberen Kante an, nähe bei 1 cm Nachtzugabe und achte auf die Nahtbreite. Verriegele den Anfang.

42

Ziehe wieder während des Nähens die gesteckten Nadeln heraus: Nähe bis kurz vor die Nadel, halte an, entferne die Nadel und nähe bis zum Ende des Trägers weiter.

43

Verriegele auch hier wieder das Nahtende. Arbeite den zweiten Träger genauso.

44

Damit du die Träger leicht wenden kannst, nimmst du am besten eine Sicherheitsnadel zur Hilfe. Die Sicherheitsnadel steckst du an einem Ende eines Trägers nur durch eine Stofflage, dabei zeigt die Nadel in Richtung Trägeröffnung. Dann schließt du die Sicherheitsnadel.

45

Schiebe die Sicherheitsnadel in die Öffnung nach innen und immer weiter durch den Träger hindurch.

Träger wenden

46

Die Sicherheitsnadel liegt nun im Träger. Schiebe sie mit den Fingern stets ein Stückchen weiter und zieh den Stoff dabei immer ein Stück nach.

47

Sobald die Nadel am anderen Ende wieder sichtbar ist, lässt sich der Träger etwas leichter auf rechts ziehen.

48

Nachdem du den Träger komplett auf rechts gewendet hast, entfernst du die Sicherheitsnadel. Der Träger ist leicht verknittert. Wende den zweiten Träger auf die gleiche Weise.

Träger bügeln ...

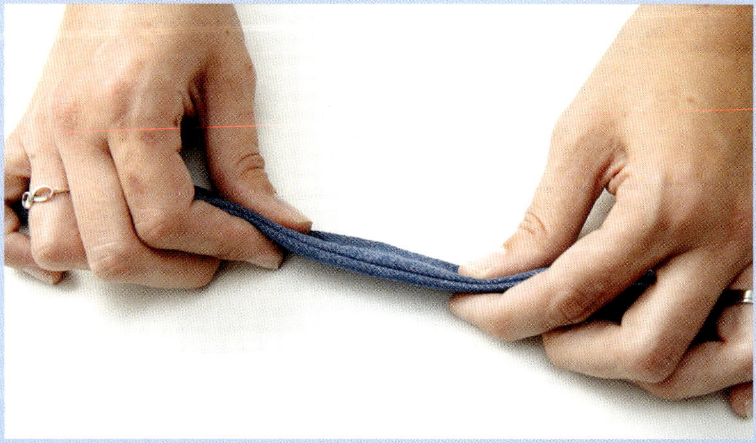

49

Lege beide Träger entlang der langen Kante auf den Bügeltisch und forme zunächst bei einem Träger die Naht mit den Fingern aus, sodass Kante auf Kante liegt.

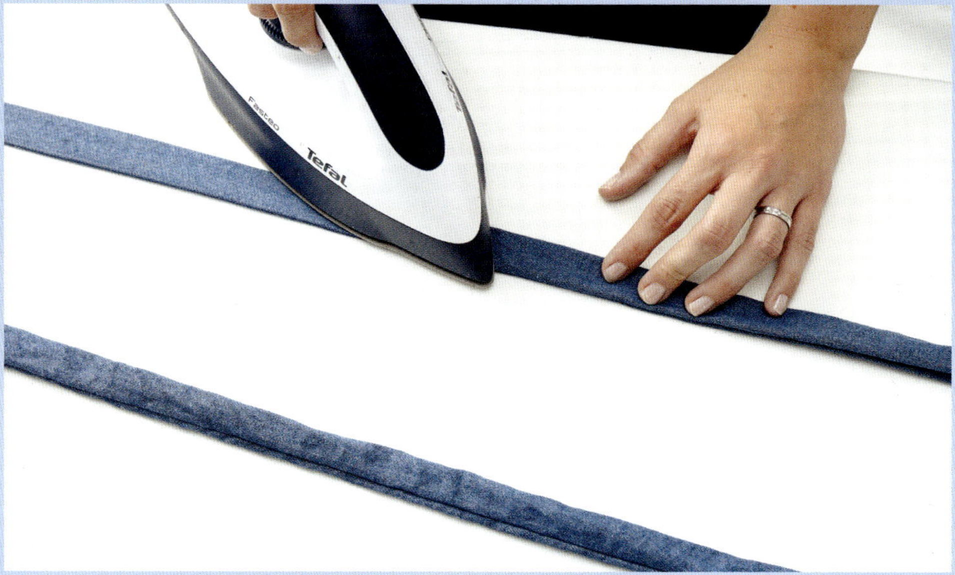

50

Bügele die Kante Stück für Stück und forme sie dabei immer wieder mit den Fingern aus, bis du den Träger fertig gebügelt hast. Bügele den zweiten Träger genauso.

51

Lege ein Trägerende unter die Nähmaschine und versäubere es mit Zickzackstich.

Verriegele dabei immer Anfang und Ende. Versäubere auf diese Weise alle vier Trägerenden.

52

Dann markierst du die Trägerpositionen an der Oberkante der Tasche. Dafür misst du mit dem Handmaß 10 cm von der Seitennaht aus und zeichnest mit dem Kreidestift eine Markierung. Nach weiteren 2,5 cm setzt du eine weitere Markierung, diese zeigt die Breite des Trägers an. Wiederhole das für alle weiteren Trägerpositionen.

... und annähen

53

Lege jeweils beide Enden eines Trägers auf die linke Stoffseite der Tasche und stecke sie mit Stecknadeln an den eingezeichneten Markierungen fest.

54

Die Träger sollen in der gleichen Naht angenäht werden wie die obere Kante. Dafür zeichnest du am besten mit dem Handmaß und der Markierkreide eine Linie ein und nähst die Träger in dieser Naht an. Verriegele wieder jeweils den Anfang, indem du vor- und zurücknähst.

55

Zieh direkt nach dem Verriegeln die Stecknadel heraus und nähe bis zum Ende. Verriegele auch hier wieder.

56

Jetzt liegt die fertige Naht genau in der davor genähten Naht der oberen Kante.

Da die Träger einiges Gewicht aushalten sollen, nähst du sie am besten ein zweites Mal fest. Dafür zeichnest du mit dem Handmaß und dem Markierstift 1 cm über der bereits genähten Naht eine Linie ein.

57

Nähe die Träger entlang dieser Markierung fest und verriegele auch hier wieder Anfang und Ende.

58

Jetzt solltest du die Tasche noch einmal komplett bügeln. Die obere Kante und die Träger hattest du ja schon vorher gebügelt.

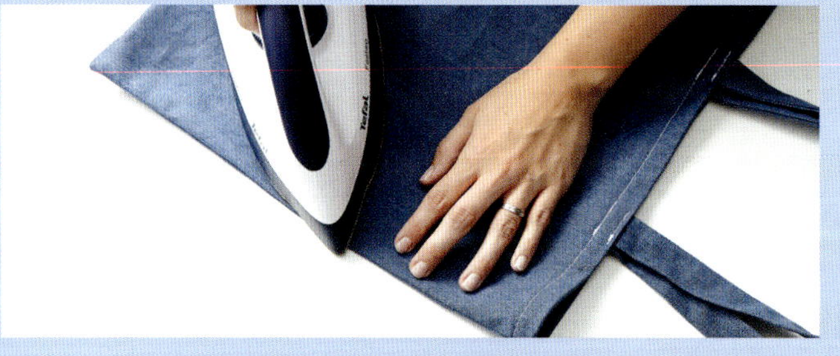

59

Jetzt sind die drei restlichen Kanten der Tasche an der Reihe. Forme dafür zuerst die lange Kante mit den Fingern aus und bügele sie dann. Drehe anschließend die Tasche auf dem Bügeltisch um ca. 90° und bügele auch die kurze Kante sowie die zweite lange Kante.

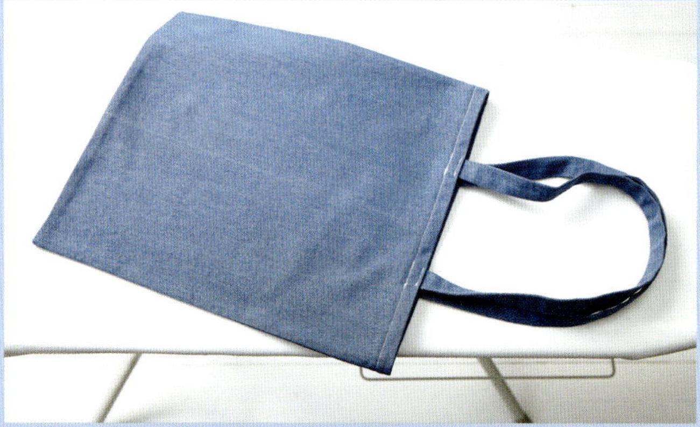

60

Zum Schluss bügelst du die Fläche der Tasche glatt, bis keine Falten mehr zu sehen sind.

Geschafft! Deine erste Tasche ist fertig.

Handlettering & DIY

112 S., 22,2 x 23,5 cm, HC
ISBN 978-3-7724-**8318**-9
€ (D) 16,99

144 S., 22,2 x 23,5 cm, HC
ISBN 978-3-7724-**8343**-1
€ (D) 17,99

176 S., 22,2 x 23,5 cm, HC
ISBN 978-3-7724-**8353**-0
€ (D) 19,99

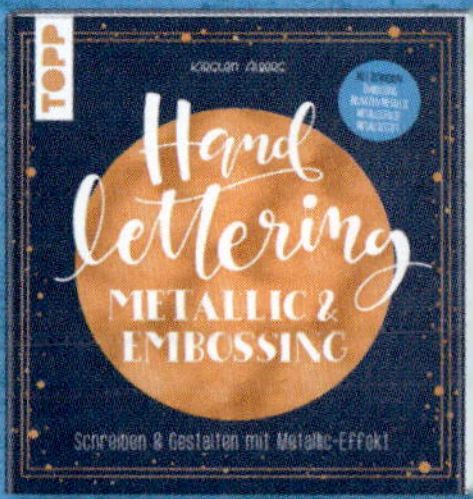

112 S., 22,2 x 23,5 cm, H
ISBN 978-3-7724-**8351**-6
€ (D) 16,99

176 S., 22,2 x 23,5 cm, HC
ISBN 978-3-7724-**8333**-2
€ (D) 19,99

96 S., 21,9 x 23 cm, SC
ISBN 978-3-7724-**6217**-7
€ (D) 15,99

256 S., 19,5 x 25 cm, HC
ISBN 978-3-7724-**7751**-5
€ (D) 14,99

160 S., 19,5 x 25 cm, HC
ISBN 978-3-7724-**7890**-1
€ (D) 14,99

144 S., 22,2 x 23,5 cm, HC
ISBN 978-3-7724-**7805**-5
€ (D) 17,99

224 S., 14,8 x 21 cm, SC
ISBN 978-3-7724-**8354**-7
€ (D) 12,99

80 S., 19,5 x 25 cm, HC
ISBN 978-3-7724-**7545**-0
€ (D) 14,99

240 S., 22,5 x 28,5 cm, H
ISBN 978-3-7724-**7957**-1
€ (D) 19,99

Malen & Zeichnen

160 S., 21,9 x 23 cm, SC
ISBN 978-3-7724-**8332**-5
€ (D) 16,99

192 S., 23,4x 31,0 cm, HC
ISBN 978-3-7724-**8257**-1
€ (D) 16,99

128 S., 21,5 x 28,5 cm, HC
ISBN 978-3-7724-**8324**-0
€ (D) 22,00

80 S., 21,5 x 28,5 cm, H
ISBN 978-3-7724-**8347**-9
€ (D) 19,99

Kreatives Backen

176 S., 21,5 x 28,5 cm, HC
ISBN 978-3-7724-**8053**-9
€ (D) 22,00

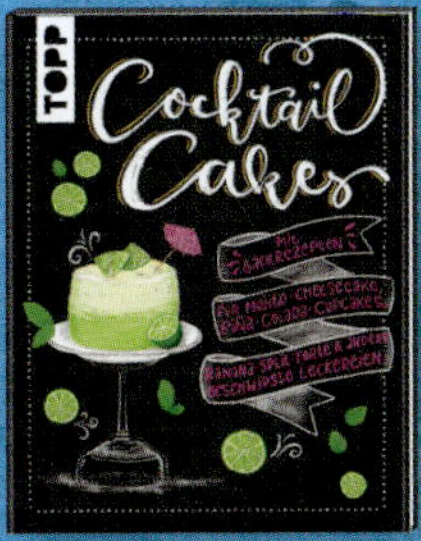

112 S., 19,5 x 25 cm, HC
ISBN 978-3-7724-**8056**-0
€ (D) 16,99

80 S., 19,5 x 25 cm, HC
ISBN 978-3-7724-**8055**-3
€ (D) 13,99

80 S., 19,5 x 25 cm, HC
ISBN 978-3-7724-**8050**-8
€ (D) 13,99

Basteln | Familie

160 S., 21,5 x 28,5 cm, HC
ISBN 978-3-7724-**7542**-9
€ (D) 16,99

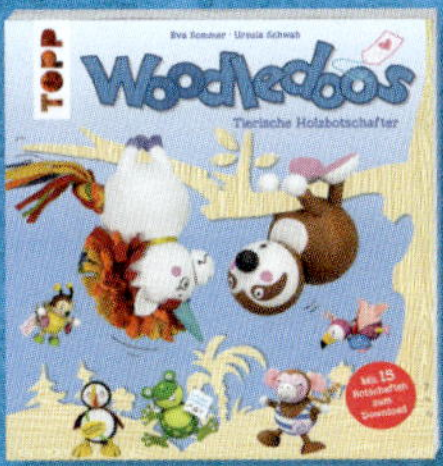

96 S., 21,9 x 23 cm, SC
ISBN 978-3-7724-**7895**-6
€ (D) 15,99

128 S., 20,5 x 26,5 cm, HC
ISBN 978-3-7724-**7829**-1
€ (D) 15,99

128 S., 21,5 x 28,5 cm, HC
ISBN 978-3-7724-**7898**-7
€ (D) 16,99

KinderKreativ

144 S., 20 x 26,5 cm, HC
ISBN 978-3-7724-**7873**-4
€ (D) 14,99

144 S., 20 x 26,5 cm, HC
ISBN 978-3-7724-**7834**-5
€ (D) 9,99

64 S., 20,5 x 26,5 cm, HC
ISBN 978-3-7724-**7762**-1
€ (D) 10,99

80 S., 20 x 26 cm, SC
ISBN 978-3-7724-**7880**-2
€ (D) 9,99

64 S., 20 x 26,5 cm, HC
ISBN 978-3-7724-**7954**-0
€ (D) 9,99

128 S., 20,5 x 26,5 cm, HC
ISBN 978-3-7724-**7955**-7
€ (D) 9,99

208 S., 21,5 x 28,5 cm, HC
ISBN 978-3-7724-**7836**-9
€ (D) 15,99

128 S., 22,2 x 23,5 cm, HC
ISBN 978-3-7724-**7875**-8
€ (D) 14,99

Handarbeiten

96 S., 19,5 x 25 cm, HC
ISBN 978-3-7724-**8143**-7
€ (D) 16,99

128 S., 21,5 x 28,5 cm, HC
ISBN 978-3-7724-**8142**-0
€ (D) 22,00

144 S., 21,5 x 28,5 cm, HC
ISBN 978-3-7724-**8145**-1
€ (D) 24,99

112 S., 19,5 x 25 cm, HC
ISBN 978-3-7724-**8146**-8
€ (D) 16,99

128 S., 20,5 x 26,5 cm, HC
ISBN 978-3-7724-**7831**-4
€ (D) 15,99

128 S., 20,5 x 26,5 cm, HC
ISBN 978-3-7724-**7876**-5
€ (D) 16,99

256 S., 21,5 x 28,5 cm, HC
ISBN 978-3-7724-**8151**-2
€ (D) 24,99

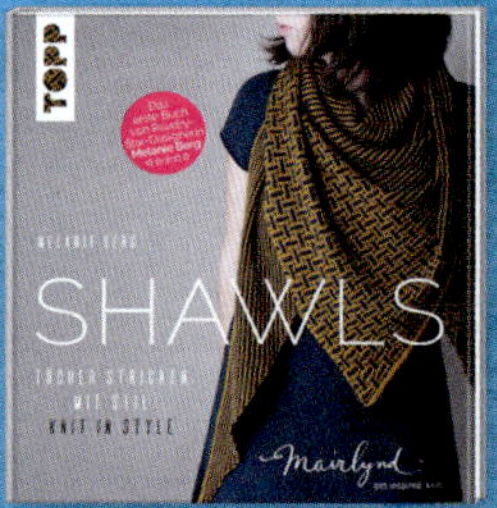

128 S., 22,2 x 23,5 cm, HC
ISBN 978-3-7724-**8140**-6
€ (D) 22,00

352 S., 21,5 x 28,5 cm, HC
ISBN 978-3-7724-**8121**-5
€ (D) 29,99

368 S., 21,5 x 28,5, HC
ISBN 978-3-7724-**6366**-2
€ (D) 29,99

352 S., 21,5 x 28,5 cm, HC
ISBN 978-3-7724-**8122**-2
€ (D) 29,99

320 S., 21,5 x 28,5 cm, HC
ISBN 978-3-7724-**6480**-5
€ (D) 29,99

LUST AUF MEHR?

Das reicht dir noch nicht? Mit den gerade gelernten Nähtechniken lassen sich weitere schöne Modelle fertigen. Die folgenden Modelle haben alle eine Variante, teils nur der Stoff, teils durch weiter Teilungsnähte oder ähnliches. Ihr seht, dass durch diese kleinen Veränderungen ganz neue Optiken und Modelle entstehen.

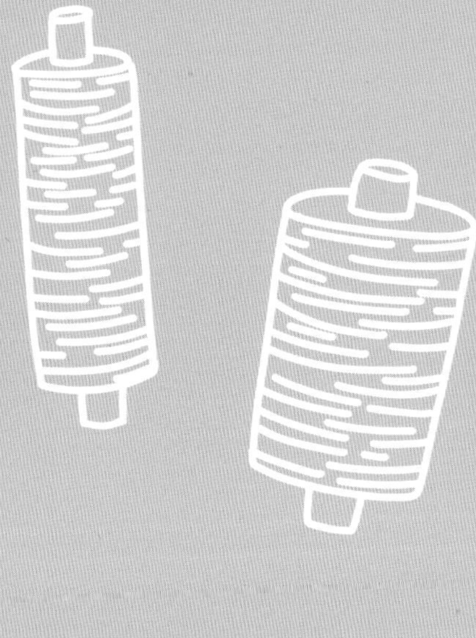

Glück

SPORT
GOLF
69

VARIANTE JUTETASCHE

MATERIAL:

- *Stoff 1: Baumwollköper in Rot, 140 cm x 40 cm*
- *Stoff 2: Glitzerstoff in Lila, 90 cm x 20 cm*

ZUSCHNEIDEN:

Stoff 1:

- *2 Rechtecke für die obere Tasche, 39 cm x 35 cm*
- *2 Rechtecke für die Träger, 41 cm x 10 cm*

Stoff 2:

- *2 Rechtecke für den Taschenboden, 39 cm x 17 cm*

Die Nahtzugabe ist in den Angaben bereits enthalten: Nahtzugabe an allen Kanten 1 cm.

SO GEHT'S

Diese Taschenvariante kannst du fast genauso wie die Stofftasche nähen – nur der glitzernde Taschenboden kommt hier dazu.

Versäubere beide oberen Taschenteile an beiden langen seitlichen Kanten und an der unteren Kante mit Zickzackstich sowie beide Taschenböden an allen Kanten.

Lege jeweils einen Taschenboden mit einer langen Kante rechts auf rechts auf die untere Kante des oberen Taschenteils und nähe beide Teile zusammen. Bügele die Nahtzugaben auseinander.

Lege beide Taschenteile rechts auf rechts so aufeinander, dass Taschenboden auf Taschenboden liegt. Nähe sie an den beiden langen Kanten und der unteren kurzen Kante zusammen und verriegele dabei Anfang und Ende. Achte darauf, dass die Nahtzugaben an der Teilungsnaht auseinanderliegen.

Ab hier nähst du die Jutetasche wie die Stofftasche (ab Seite 34) fertig und bügelst sie zum Schluss. Achte beim Bügeln auf den Glitzerstoff, dieser sollte nicht von der rechten Seite und mit nur wenig Dampf und Druck gebügelt werden.

KISSENHÜLLE

MATERIAL:

- *Stoff 1: Baumwollstoff in Blau-Weiß gestreift mit Stickerei, 140 cm x 40 cm*

ZUSCHNEIDEN:

Stoff 1:

- *3 Quadrate für die Kissenteile, 37 cm x 37 cm*

Die Nahtzugabe ist in den Angaben bereits enthalten: Nahtzugabe an allen Kanten 1 cm.

SO GEHT'S

Versäubere alle 3 Kissenteile rundherum mit Zickzackstich.

Bügele 2 der 3 Kissenteile wie in der Bügelskizze gezeigt. Dafür legst du ein Kissenteil mit der rechten Seite nach unten auf den Bügeltisch. Klappe die untere Kante 15 cm nach oben und bügele die Bruchkante. Lege das zweite Kissenteil ebenfalls mit der rechten Seite nach unten auf den Bügeltisch. Hier legst du allerdings die obere Kante 15 cm nach unten und bügelst am Bruch.

Lege nun das dritte Kissenteil mit der linken Seite nach unten auf den Bügeltisch. Dann lege das zuerst gebügelte Kissenteil rechts auf rechts auf das bereits daliegende Kissenteil. Jetzt liegen die obere Kante und die seitlichen Kanten Schnittkante auf Schnittkante. Zum Schluss lege das zweite gebügelte Kissenteil rechts auf rechts an die untere Kante der Kissenhülle. Stecke die verschiedenen Lagen mit Stecknadeln quer zum Nähgut zusammen.
Nähe die Kissenhülle rundherum zusammen. Nun wende das Kissen auf rechts und forme dabei die Ecken schön aus (siehe Seite 34).

Forme die Kanten des Kissens rundherum mit den Fingern aus und bügele sie. In der Fläche bügelst du das Kissen glatt.

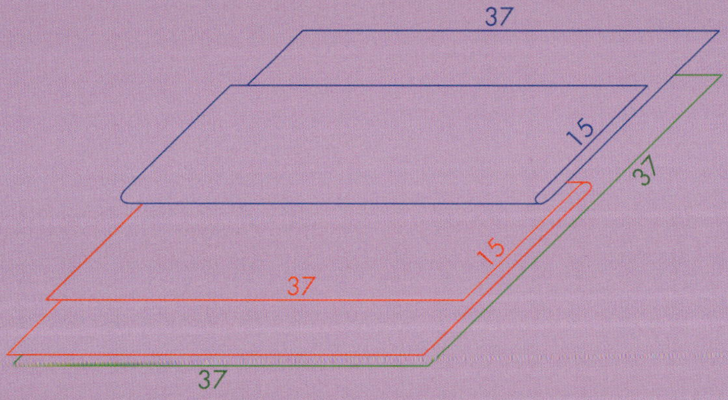

TIPP *Formel für verschiedene Kissengrößen: 3x zuschneiden = Breite des Kissens + 2 cm x Länge des Kissens + 2 cm*

VARIANTE KISSENHÜLLE

MATERIAL:

- *Stoff 1: Nickistoff in Schwarz, 140 cm x 40 cm*
- *Stoff 2: Baumwollstoff in Tarnoptik, 140 cm x 15 cm*

ZUSCHNEIDEN:

Stoff 1:

- *2 Quadrate für das Kissenteil, 37 cm x 37 cm*
- *2 Rechtecke für die Streifen des Kissenteils Teil 1, 37 cm x 7 cm*
- *1 Rechteck für den Streifen des Kissenteils Teil 3, 37 cm x 12 cm*

Stoff 2:

- *1 Rechteck für den Streifen des Kissenteils Teil 2, 37 cm x 7 cm*
- *1 Rechteck für den Streifen des Kissenteils Teil 4, 37 cm x 12 cm*

Die Nahtzugabe ist in den Angaben bereits enthalten: Nahtzugabe an allen Kanten 1 cm.

SO GEHT'S

Versäubere alle Schnittteile aus beiden Stoffen rundherum mit Zickzackstich.

Nähe die folgenden Schnittteile jeweils an der langen Kante aneinander. Ein Teil 1 legst du rechts auf rechts auf das Teil 2 und nähst es zusammen. Lege nun Teil 2 rechts auf rechts auf Teil 3 und nähe diese zusammen. Teil 3 legst du wiederum rechts auf rechts auf Teil 4 und nähst es zusammen. Lege nun auch Teil 4 rechts auf rechts auf das zweite Teil 1 und nähe es zusammen.
Die Nahtzugaben aller genähten Kanten bügelst du auseinander, damit sie schön flach liegen.

Bügele die beiden Kissenteile aus Nickistoff wie in der Bügelskizze und in der Anleitung der Kissenhülle auf Seite 54 beschrieben.

Lege das Kissenteil mit den Teilungsnähten mit der linken Seite nach unten auf den Bügeltisch und nähe die Kissenteile wie auf Seite 54 beschrieben zusammen.

Wende das Kissen (siehe Seite 34) und bügele es.

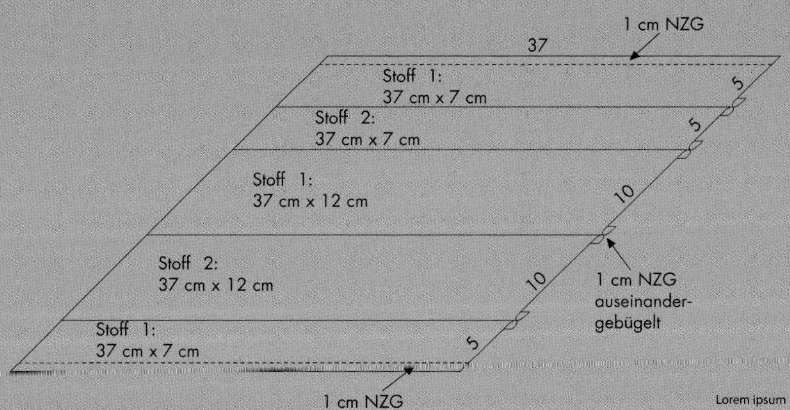

TURNBEUTEL

MATERIAL:

- *Stoff 1: Baumwollflanell in Rot-Blau kariert, 140 cm x 50 cm*
- *Kordel in Beige, ø 8 mm, 3,50 m*

ZUSCHNEIDEN:

Stoff 1:

- *2 Rechtecke für den Beutel, 37 cm x 46 cm*
- *2 Rechtecke für die Schlaufe, 5 cm x 7 cm*

Die Nahtzugabe ist in den Angaben bereits enthalten: Nahtzugabe an der oberen Kante 4 cm, Nahtzugabe an allen restlichen Kanten 1 cm.

SO GEHT'S

Versäubere beide Beutelteile an beiden langen Kanten und an der unteren kurzen Kante mit Zickzackstich.

Lege jeweils eine Schlaufe an der langen Kante rechts auf rechts aufeinander und stecke sie zunächst mit Nadeln quer zum Nähgut aufeinander. Nun nähst du die lange Kante zusammen. Wende die Schlaufe mithilfe einer Sicherheitsnadel auf rechts und bügle die Kante sowie die Schlaufe selbst (siehe Seite 40–44).

Markiere die Schlaufenposition an einem Beutelteil auf der rechten Seite. Dafür misst du mit dem Handmaß jeweils 2,5 cm von der unteren Kante entlang der langen Kante und markierst mit dem Markierstift. Falte jede Schlaufe zur Hälfte (3,5 cm wenn sie doppelt liegt) und lege sie mit den offenen Schnittkanten an die Markierung. Die Schlaufe zeigt nach innen. Nähe die Schlaufen 8 mm von der Kante an (siehe Skizze).

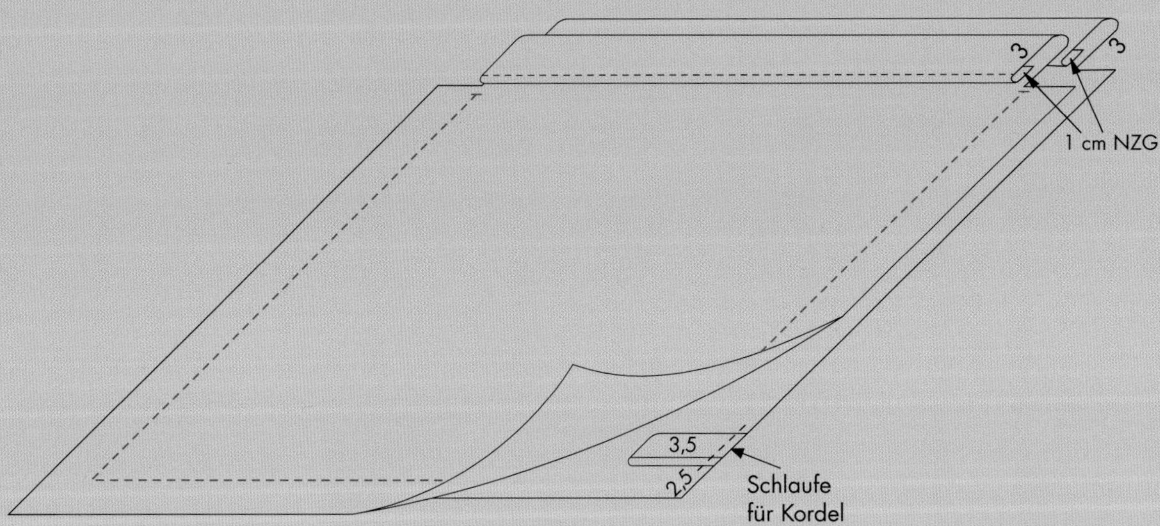

Miss für den Tunnelzug 7,5 cm von der oberen Kante an der langen Kante ab und markiere diese Stelle. Nun legst du beide Beutelteile rechts auf rechts und nähst sie an den beiden langen Kanten und der unteren kurzen Kante zusammen, verriegle dabei Anfang und Ende. Beginne an der markierten Stelle, der obere Teil bleibt für den Tunnelzug offen. Wende den Beutel auf die rechte Seite und forme dabei die Ecken schön aus (siehe Seite 34). Die Schlaufen sollten nun außen sichtbar sein.

Bügle die Nahtzugabe der seitlichen Kante auseinander, vor allem im oberen, nicht zusammengenähten Bereich für den Tunnelzug. Die obere Kante bügelst du zuerst 1 cm nach innen und anschließend nochmals 3 cm. Steppe die obere Kante bei 2,5 cm ab, dabei liegt der Beutel mit der rechten Seite nach unten und du nähst von links.

Am Ende bügelst du die seitlichen Kanten und die untere Kante aus und den Turnbeutel glatt (siehe Seite 48).

Teile nun die Kordel in 2 gleich lange Teile. Fädele ein Kordelstück zunächst durch eine Schlaufe, dann durch den Tunnelzug in die eine Richtung und zurück durch den gegenüberliegenden Tunnelzug in die andere Richtung. Am Schluss fädelst du es nochmals durch die Schlaufe. Mit der zweiten Kordel machst du es genauso auf der anderen Seite. Dann bindest du die Kordelenden jeweils zu einem festen Knoten.

TIPP *Falls du eine schmalere oder breitere Kordel verwendest, musst du die Schlaufe in der Breite anpassen, damit der Knoten hält und nicht durchrutscht.*

VARIANTE:

Sehr hübsch sieht dieser Turnbeutel auch mit einem blau-weiß gestreiften Denim und einer roten Kordel aus.

HANDY-HÜLLE

MATERIAL:

- *Stoff 1: Filz in Lila, 20 cm x 20 cm*
- *Gummiband in Schwarz, 5 mm breit, 40 cm*

ZUSCHNEIDEN:

Stoff 1:

- *2 Rechtecke für die Handyhülle, 8,1 cm x 14,6 cm (Beispielmaße fürs iPhone 6, siehe Tipp)*

Die Nahtzugaben sind in der Berechnungsformel enthalten.

TIPP *Die untenstehende Berechnungsformel lässt sich auf alle Arten von Filzhüllen übertragen. Damit kannst du auch I-Pad-Hüllen, eine Hülle für Kindle-Geräte, Mutterpass-, U-Heft- oder Reisepasshüllen ganz leicht selbst machen.*

Breite = Handybreite + Handytiefe + 10 mm
Höhe = Handyhöhe + ½ Handytiefe + 5 mm

SO GEHT'S

Lege das Gummiband der Länge nach um eines der Filzteile herum und lass es 2 cm überlappen. Den Rest des Gummis schneidest du ab. Löse das Gummi vom Filz und nähe die Nahtzugaben an der überstehenden Stelle an zwei Stellen zusammen (siehe Skizze). Nun lege das Gummi wieder über eine der Filzplatten.

Lege die zweite Filzplatte so auf die erste, dass die Kanten ganz genau übereinanderliegen. Nähe die Filzteile mit einem Abstand von 3 mm von der Kante zusammen und dabei gleich das Gummi an der unteren Kante mit fest. Verriegle Anfang und Ende sorgfältig, da diese Stellen am meisten beansprucht werden.

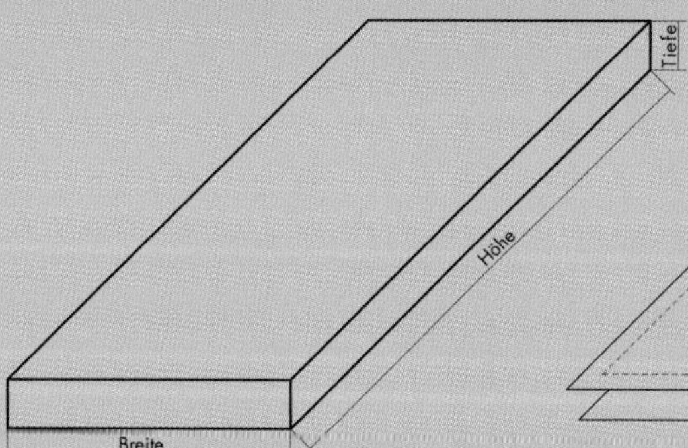

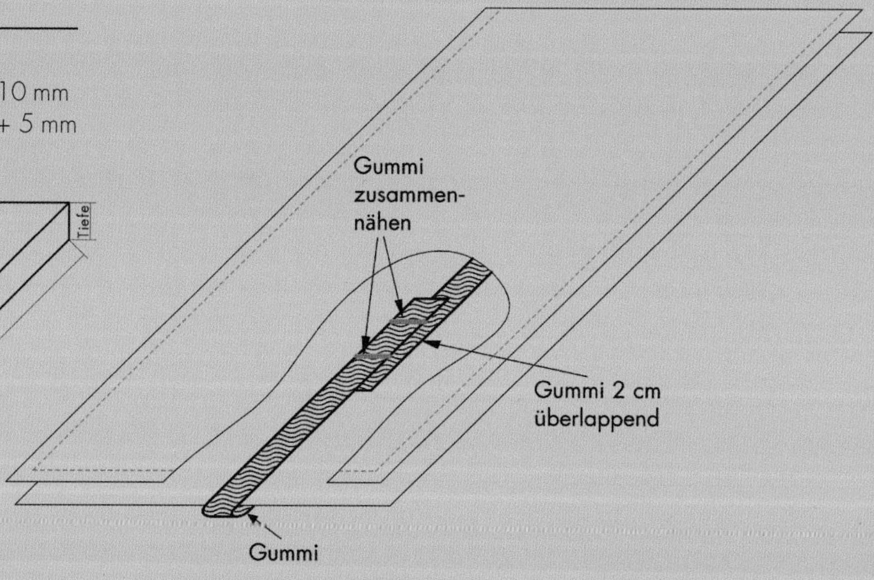

Liebe
017209
017210

VARIANTE HANDYHÜLLE

MATERIAL:

- *Stoff 1. Filz in Hellgrau, 20 cm x 20 cm*
- *Stoff 2: Filz in Türkis, 10 cm x 10 cm*

ZUSCHNEIDEN:

Stoff 1:

- *2 Rechtecke für die Handyhülle, 8,1 cm x 14,6 cm*

Stoff 2:

- *1 Rechteck fürs Kartenfach, 6,5 cm x 8 cm (Beispielmaße fürs iPhone 6, siehe Tipp auf Seite 62)*

Die Nahtzugaben sind in der Berechnungsformel enthalten.

SO GEHT'S

Lege die kleine Filzplatte auf eine der beiden großen Filzplatten. Dabei lässt du einen Abstand von 5 mm an der rechten unteren Ecke frei (siehe Skizze). Nähe die kleine Filzplatte mit 3 mm Nahtzugabe auf.

Lege die beiden großen Filzteile so aufeinander, dass die Kanten ganz genau übereinanderliegen und das Kartenfach außen liegt. Nähe die Filzteile mit einem Abstand von 3 mm von der Kante zusammen. Verriegle Anfang und Ende sorgfältig, da diese Stellen am meisten beansprucht werden.

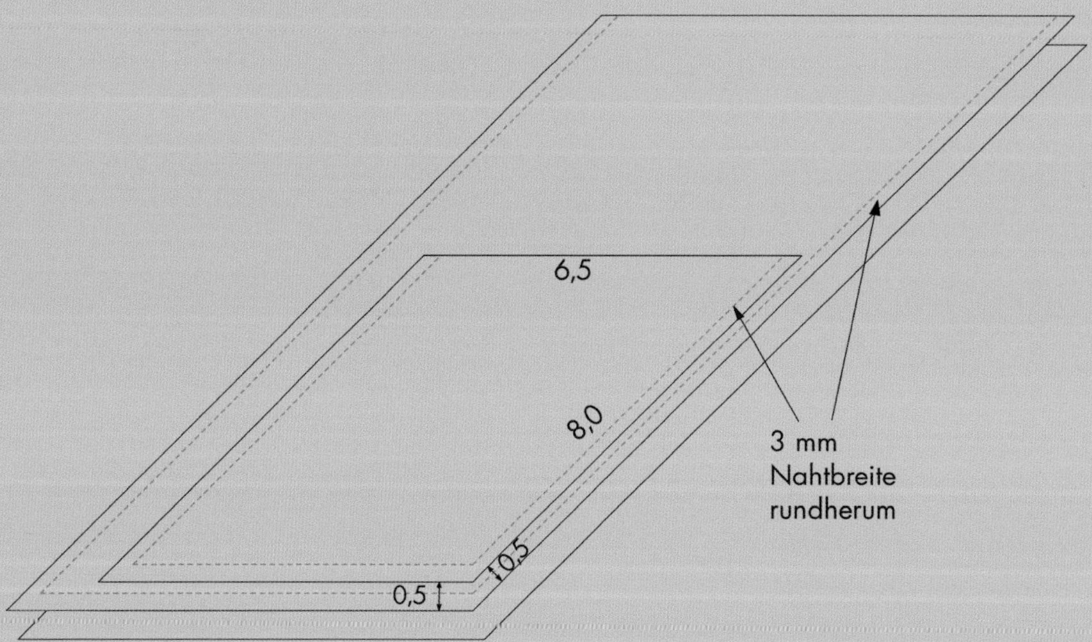

47073

ALLZWECK-TÄSCHCHEN

MATERIAL:

- *Stoff 1: Baumwollstoff in Petrol mit Vogelmuster, 140 cm x 50 cm*
- *Stoff 2: Baumwollstoff in Schwarz, 140 cm x 50 cm*
- *Geflochtenes Lederband in Schwarz, 5 mm breit, 1,20 m*

ZUSCHNEIDEN:

Stoff 1:

- *1 Taschenteil, 22 cm x 42 cm*

Stoff 2:

- *1 Taschenteil, 22 cm x 42 cm*

Die Nahtzugabe ist in den Angaben bereits enthalten:Nahtzugabe an allen Kanten 1 cm.

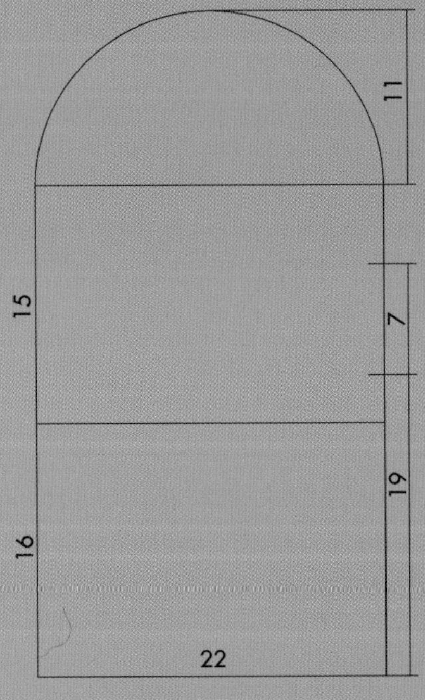

SO GEHT'S

Du brauchst die Schnittteile vorab nicht zu versäubern, da die Kanten später nicht mehr sichtbar sind.

Halbiere das geflochtene Lederband. Lege die Hälften auf die rechte Stoffseite eines Taschenteils, und positioniere sie nebeneinander in der Mitte des Halbkreises. Dabei liegen die Enden des Leberbandes jeweils an der Kante der Tasche und die Bänder auf dem Taschenteil. Nähe die Lederbänder bei 8 mm fest.

Lege beide Taschenteile rechts auf rechts aufeinander und stecke sie rundherum zusammen. Die Nadeln steckst du dabei quer zum Nähgut in den Stoff, damit du sie beim Nähen leicht herausziehen kannst. Lass dabei eine Wendeöffnung von 7 cm frei (siehe Skizze), damit du das Täschchen später auf rechts wenden kannst. Nähe die Taschenteile zusammen und lass die Wendeöffnung frei. Achte beim Zusammennähen darauf, dass du das Band nicht mit festnähst.

Schneide die Nahtzugabe an der Rundung auf 5 mm zurück, dadurch legt sie sich später im Stoff besser.

Wende die Tasche auf rechts und forme die Ecken schön aus (siehe Seite 34).

Forme die Kanten der Tasche schön mit den Fingern aus und bügle sie Stück für Stück. Die Fläche bügelst du ebenfalls glatt.

Falte die Tasche nun gemäß der Skizze auf Seite 66 und nähe die seitlichen Kanten aufeinander. Klappe den Deckel nach unten und binde die Tasche nach deinen Vorstellungen.

VARIANTE ALLZWECK-TÄSCHCHEN

MATERIAL:

- *Stoff 1: Denim in Hellblau, 140 cm x 40 cm*
- *Stoff 2: Baumwollstoff in Weinrot mit weißem Blumenmuster, 140 cm x 40 cm*
- *2 Schmuckdruckknöpfe in Hellblau, ø 8 mm*

ZUSCHNEIDEN:

Stoff 1:

- *1 Taschenteil, 17 cm x 29,5 cm*

Stoff 2:

- *1 Taschenteil, 17 cm x 29,5 cm*

Die Nahtzugabe ist in den Angaben bereits enthalten: Nahtzugabe an allen Kanten 1 cm.

SO GEHT'S

Dieses Täschchen arbeitest du fast genauso wie das Täschchen zuvor.

Allerdings nähst du hier anstelle des runden Deckels Ecken ab. Zeichne dafür vorab 1 cm innerhalb der Kante an, damit die Ecken gleichmäßig werden. Dann nähst du die beiden Taschenteile zusammen, schneidest die Nahtzugabe auf 5 mm zurück und stellst die Tasche wie beschrieben fertig.

Zum Schluss zeichnest du die Position der Druckknöpfe gemäß der Skizze auf der Tasche an und arbeitest sie nach Packungsanleitung ein. Knöpfe die Tasche zu.

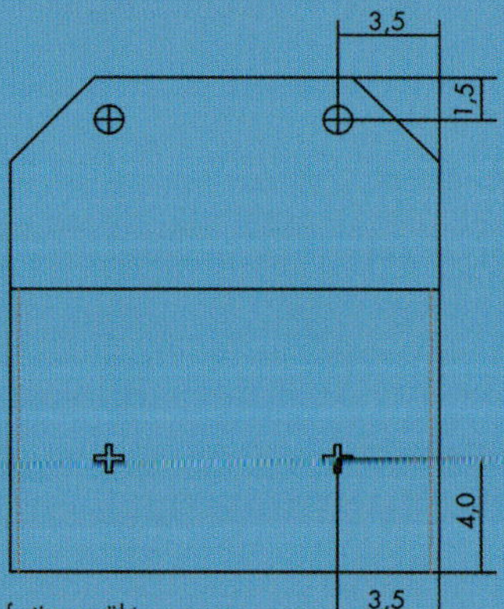

fertig genäht

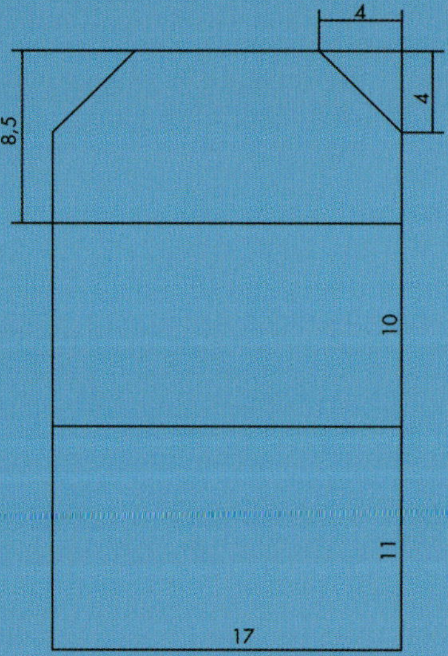

LOVE
015468
Glück

BUCH HÜLLE

MATERIAL:
- *Stoff 1: Baumwollstoff in Bunt gemustert, 140 cm x 40 cm*
- *Stoff 2: Filz in Dunkelgrau, 1 mm dick, 50 cm x 40 cm*

ZUSCHNEIDEN:
Stoff 1:
- *1 Rechteck für die äußere Buchhülle, 92 cm x 32 cm*

Stoff 2:
- *1 Rechteck für die innere Buchhülle, 44 cm x 32 cm*

Die Nahtzugabe ist bereits in den Angaben enthalten. Nahtzugabe an allen Kanten 1 cm.

SO GEHT'S

Bügle die äußere Buchhülle wie in der Skizze dargestellt.

Falte anschließend die umgebügelten Bucheinschläge in die andere Richtung und stecke sie fest. Lege nun die innere Buchhülle wie in der Skizze gezeigt auf die gefaltete äußere Buchhülle. Nähe beide Teile jeweils oben und unten an der offenen Kante zusammen. Eine Wendeöffnung ist hier nicht notwendig, da du durch die offenen Kanten von innerer und äußerer Buchhülle wenden kannst.

Wende die Buchhülle und forme die Ecken schön aus. Die Kanten der Büchhülle formst du ebenfalls mit den Fingern aus und bügelst sie. Bügle die Buchhülle nun auch in der Fläche schön glatt.

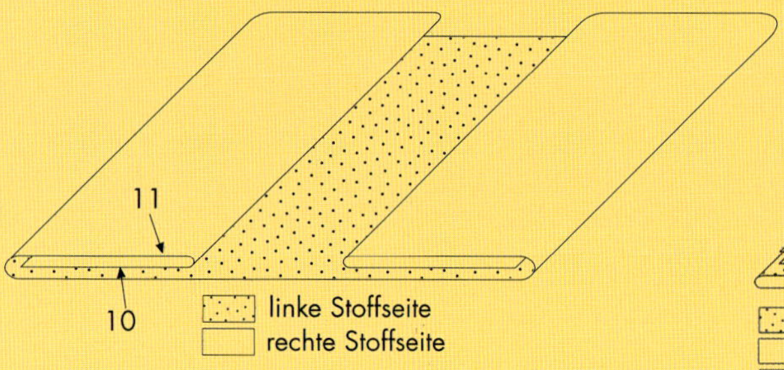

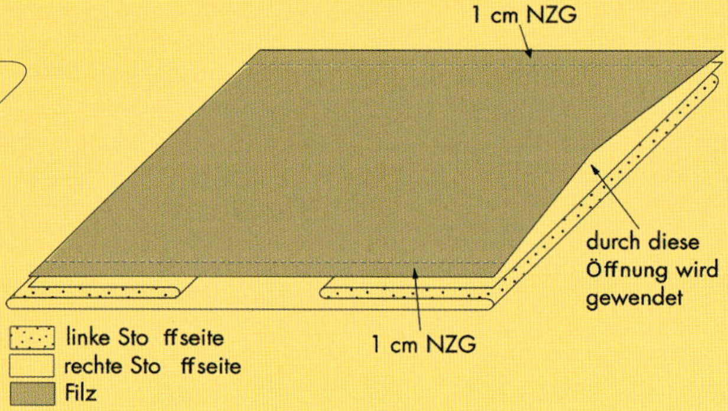

TIPP *Formel für verschiedene Buchgrößen:*
Äußere Buchhülle: *2x die Breite des Buches + 1x Breite des Buchrückens + 1 cm + (2x [12cm Einschlagbreite + 11 cm Einschlagbreite Innen]); 1x Hohe des Buches + 1 cm + 2cm Nahtzugabe*
Innere Buchhülle: *2x Breite des Buches + 1x Breite des Buchrückens*

VARIANTE BUCHHÜLLE

MATERIAL:
- *Stoff 1: Baumwollstoff in Weiß-Pink kariert, 140 cm x 30 cm*
- *2 Perlen in Weiß, ø 5 mm*
- *3 Applikationen in Urlaubsoptik, 3 cm x 7 cm*

ZUSCHNEIDEN:
Stoff 1:
- *1 Rechteck für die äußere Buchhülle, 74 cm x 22 cm*
- *1 Rechteck für die innere Buchhülle, 28 cm x 22 cm*

Die Nahtzugabe ist bereits in den Angaben enthalten: Nahtzugabe an allen Kanten 1 cm.

SO GEHT'S

Nähe diese Buchhülle auf die gleiche Weise wie das Modell auf Seite 72. Die Applikationen kommen noch dazu.

Die Applikationen platzierst du nach Geschmack auf der Vorderseite der Buchhülle und bügelst sie nach Herstellerangaben auf.

Die nächsten Arbeitsschritte arbeitest du wie in der vorigen Anleitung beschrieben.

UND WEITER GEHT`S ...

TASCHEN TO GO

- Einfach unverzichtbar! Neue Nähideen für Ordnung in der Handtasche
- Kosmetiktasche, Handyhülle, Schlüsselfinder – alles, was Frau braucht
- Detaillierte Anleitungen und Schrittfotos machen das Nachnähen leicht

ISBN 978-3-7724-6966-4

NÄHEN LERNEN

- Nähen lernen für Anfänger nur mit Illustrationen – keine komplizierten Texte!
- Das Gelernte kann an attraktiven Modellen wie Tasche, Kuscheltier oder Kissenhülle direkt umgesetzt werden
- Alle wichtigen Techniken werden bildhaft vermittelt

ISBN 978-3-7724-6436-2

Die Grundlagen sind geschaffen und jetzt kann es weitergehen! Die Welt von Stoff und Faden ist riesig und bietet unendliche Möglichkeiten.
Du suchst weitere Anregungen und Modelle? Hier findest du einige Titel, die dir helfen, dein neues Hobby zu vertiefen und viele schöne Modelle zu nähen. Weitere Informationen zu Büchern und Neuheiten sowie interessante Titel findest du unter www.topp-kreativ.de

NÄHEN – DAS STANDARDWERK

- Alles, was Sie zum Nähen wissen müssen!
- Ausführliches Hintergrundwissen und Techniken zum Nachschlagen
- Mit hilfreichen Online-Videos
- Nachschlagewerke für Fortgeschrittene und Einsteiger
- Edle Ausstattung: Mit Lesebändchen, Silberfolienprägung und Banderole

ISBN 978-3-7724-8342-4

LÄSSIGE RUCKSÄCKE

- Ob groß oder klein, schlicht oder glitzernd, für Kinder oder Erwachsene – ein Buch voller Lieblingsmodelle!
- Voll im Trend: Materialien wie Kork oder Kunstleder in Metallic sind DER Hingucker!
- Cool & easy – mit illustrierten Schritt-für-Schritt-Anleitungen

ISBN 978-3-7724-8123-9

ÜBER DIE AUTORIN

© Privat

Franziska Fulvio ist in Thüringen geboren und lebt seit einigen Jahren in Baden-Württemberg. Die Lust am Nähen begann bei ihr bereits als junges Mädchen. Damals war Mamas Stoffkiste perfekt für die ersten Nähversuche und in schnellen Zügen geplündert. Als es dann um die Zukunft ging, war bald klar, dass sie ihr Hobby zum Beruf machen möchte. Sie absolvierte eine Schneiderausbildung, hängte ein Studium zur Bekleidungstechnik an und arbeitet nun in einem sehr erfolgreichen Modeunternehmen.
2012 gründete sie bei Dawanda einen kleinen Shop und verkauft dort selbstgenähte Produkte wie Kosmetiktaschen, Handtaschen, Reiseetuis und vieles mehr. Seit 2014 bietet sie individuell bestickbare Produkte an, wie z. B. Schlüsselanhänger, U-Hefthüllen oder Mutterpässe. Inzwischen entwickelt sie auch Stickdateien wie zum Beispiel Logos oder andere Motive.
Franziska Fulvio ist Mama eines kleinen Sohnes und hat während ihrer Elternzeit einen eigenen Blog gestaltet, in dem sie immer wieder neue Anleitungen und Ideen veröffentlicht.

www.piccolina-by-leonhardt.de

IMPRESSUM

FREISCHALTECODE *für die Videos: 17502*

FOTOS: frechverlag GmbH, 70499 Stuttgart; Shutterstock: S. 9 (oben rechts) twinsmom, S. 8 (links) EKramar; iStock: S. 5 (unten) Chatri Attanatwong, (oben links) _jure, (oben rechts) para_graph; lichtpunkt, Michael Ruder, Stuttgart: alle restlichen Fotos

ILLUSTRATIONEN: Christin Stapff, Neuenhagen

PRODUKTMANAGEMENT: Nina Armbruster

LEKTORAT: no:vum, Susanne Noll, Hennef

GESTALTUNG: Nakischa Scheibe, Sophia Höpfner

SATZ: Tatjana Ströber

DRUCK UND BINDUNG: PNB Print Ltd, Lettland

1. Auflage 2018

ISBN 978-3-7724-8134-5 · Best.-Nr. 8134